AF619880

LA

SAINTE-ALLIANCE.

PAR

Mr. JOSSEAUME-DUBOURG.

A PARIS,

CHEZ ANTHe. BOUCHER, IMPRIMEUR-LIBRAIRE,

RUE DES BONS-ENFANTS, No 34.

M. DCCC. XX.

LA SAINTE-ALLIANCE.

Clio ! viens répéter au monde, que par un traité signé des souverains, tous les intérêts nationaux, toutes les institutions parfaites, tous les principes moraux, assurent l'immutabilité des états.

Les droits des monarques, comme ceux des peuples, sont consacrés par la Sainte-Alliance; c'est elle qui reconnaît la nature des sociétés, l'efficacité des justices, la réalité des choses, les lois fondamentales, la légitimité, l'éternelle raison, la véritable opinion.

O nations! vous ne pouvez trouver le bonheur que dans l'ordre, que dans les suprêmes autorités, que dans la morale céleste!

En quoi consiste la félicité sociale? Dans l'unité d'action et la force des pouvoirs royaux. On ne peut anéantir les titres sacrés de la puissance; point de prospérité sans un gouvernement où les grandes prérogatives soient *pratiquées*. Il faut, pour les sûretés générales, des chefs élevés au-dessus des autres hiérarchies.

Qu'il me soit permis de démontrer que la Sainte-Alliance doit garantir l'Europe de toute usurpation, de la désobéissance, de la rébellion et de l'anarchie.

Une nation prospérera toujours par la fidélité. Le monde actuel ne veut plus de révolution populaire : elle porte partout la désolation, la mort et la misère; ce qui préserve les royaumes, ce qui conserve l'ordre civil; ce qui procure tous les biens, c'est la majesté des lois, ce sont les pensées grandes et religieuses des législateurs.

Un peuple qui élèverait l'édifice politique sans proclamer l'autorité légale, aurait des idées fausses de la législation. Dans les Etats monarchiques, c'est le trône indépendant qui réfléchit les rayons du bonheur; tout reçoit la douce lumière de l'éclat des couronnes, et les personnes augustes doivent, comme l'astre éternel, ravir les cœurs et échauffer les ames.

C'est un spectacle affligeant de méconnaître la puissance, ou d'arrêter l'exécution des lois par le mouvement populaire. On voit les malheurs publics, par les changements, par les nouveautés. Rendons hommage à la Sainte-Alliance; elle sème dans le champ de la vérité pour faire recueillir aux nations les épis de la gloire et de l'ordre.

On fonde le droit public par des procédés, par des rapports spirituels, par des nœuds sociaux. On accomplit aussi les constitutions par l'amour pour les princes augustes, par le patriotisme éclairé, par des lois dans l'intérêt de la félicité nationale; mais jamais on ne pourra prétendre au bon ordre par les mauvaises opinions, par l'affreuse anarchie, qui, semblable à un torrent impétueux, porte à la discorde et à l'irréligion.

La souveraine politique de l'alliance impose la paix, concilie les mortels, protége les rois, recommande tous les intérêts.

Rien n'est plus capable d'entretenir les félicités temporelles que les maximes conservées dans l'acte religieux et sublime des rois.

Les rois instruits et pieux agissent dans l'intérêt des peuples. Gloire et honneur à la sainte confédération qui fait triompher la religion par les vérités immortelles!

Alliance sacrée, gage de la tranquillité, par vos principes d'union, par vos relations intimes, par vos correspondances amicales, vous pourriez faire tomber le bouclier de la rébellion s'il osait se présenter vis-à-vis l'étendard de la légitimité!

Un esprit d'union dirige les cœurs, l'esprit d'ordre s'unit à l'esprit conservateur; on saura qu'on est redevable aux monarques du bonheur et du repos.

La patrie heureuse sait aimer l'autorité qui veille à ses besoins. Un sentiment inné dans l'homme, c'est qu'il chérit son pays, qu'il le préfère à un autre. De là cet amour patriotique, ce dévouement, cet héroïsme.

Les temps sont fortunés, si les puissances ne rencontrent que de fidèles sujets; les temps sont bons, où de la source féconde naissent tous les biens, où le citoyen peut, par son industrie, vivre dans l'aisance; les temps sont heureux où le commerce offre des fortunes honnêtes.

Les Etats étendent le domaine de leurs prospérités par d'utiles débouchés, par de prudents tarifs, par la liberté des mers, par les moyens sages d'entreprises.

Comme il est impossible que les sociétés réussissent sans la reconnaissance d'une autorité supérieure, retraçons la nature de la royauté. Le droit de la souveraineté royale étant infini, la personne du législateur suprême doit être respectée. Tout système contraire à l'hérédité, tout pacte civil qui n'a pas confirmé cette maxime : *L'autorité royale est éclatante de gloire pour le bonheur général*, ce pacte, disons-nous, n'accomplit plus la volonté éternelle.

Tant les pouvoirs sont étendus, tant l'ordre subsiste. On ne manque jamais d'être heureux avec de bonnes institutions, avec un prince qui gouverne souverainement.

Telle est la dignité royale, qu'elle agit dans les règles que la nature prescrit. Que ma voix s'élève jusqu'aux cieux pour célébrer avec les chœurs immortels, la gloire des gouvernements qui ont l'ordre et le bonheur!... tous les droits, tous les avantages sont donnés par les souverains à leurs chers peuples. L'absolue monarchie ne s'applique plus à la science des trônes. Les rois se dirigent par la raison d'état, par la douce religion, par l'amour qu'ils portent à leurs peuples.

O puissances suprêmes! ô dignes monarques! c'est sur votre autorité que repose le bonheur; ce sont par vos lois que les hommes peuvent être heureux.

Il est reconnu qu'un Gouvernement ne peut être parfaitement constitué que par le respect pour la personne sacrée, et que la diminution du pouvoir diminue aussi la bonté du contrat politique.

Les sociétés n'ont aucunes existences durables lorsque les idées pernicieuses, les fureurs licencieuses, l'audacieuse infidélité, la désobéissance, la farouche usurpation, oppriment l'Etat.

Après les désordres publics, on reste long-temps dans l'abandon de la religion. Comme on a méprisé ce qu'il y avait de plus sacré, comme on s'est moqué et de Dieu et des lois, il faut toute la puissance de la grâce pour régénérer les cœurs.

Il n'est donc de bonheur que dans la stabilité; qu'alors les nations sont heureuses, qui ont toutes les conditions de l'existence! Combien l'action des pouvoirs se régularise aisément quand on est fidèle à l'Etat et soumis au prince! Les nations qui ont été malheureuses par les sanguinaires révolutions, fatiguées de l'irréligion, s'attachent à la morale; et tous les historiens nous ont attesté cette grande vérité : que les époques funestes aux peuples sont celles où l'harmonie disparaît avec l'ordre.

Il est incontestable qu'un Etat fleurit par la fidélité, et que les fruits cueillis à l'arbre social sont toujours délicieux. Les royaumes reçoivent les pluies qui donnent l'accroissement, lorsque les grâces temporelles s'unissent aux grâces célestes, et que les monarques accomplissent sans obstacles les desirs de leurs cœurs.

Où réside la perfection sociale? Dans une justice ferme qui fasse triompher le bon droit, dans la distinction des pouvoirs, dans les bonnes polices, dans le respect surtout pour les personnes, les propriétés, et dans l'exécution des volontés suprêmes. Consolez-vous, peuples malheureux, par les garanties mutuelles; vous n'avez plus à redouter ni l'usurpation, ni la révolte; consolez-vous, je vous l'atteste, par la protection bienfaisante des couronnes; plus d'anarchie, plus de déplorables circonstances.

Les factions causent sans doute bien des maux; elles contrarient toujours l'esprit d'ordre et la croyance; mais ce qui ferait le comble de la perfidie, ce serait l'infidélité militaire, qui, essentiellement obéissante, viendrait par violence disposer du pouvoir: je le dis, ô ma patrie! ta gloire conserve toujours son éclat, et nos belles troupes écoutent la voix de l'honneur.....

On est heureux dans un royaume lorsque les pensées se tournent vers l'ordre et la justice. Le haut point de la politique consiste dans la fidélité aux lois, dans la soumission aux ordonnances du législateur royal.

On a fait la guerre aux principes, et les principes ont triomphé; on a fait la guerre à la légitimité, et la vérité des trônes, plus forte que le mensonge, a triomphé des partis; on a fait la guerre à la religion, et la religion a reçu l'humble repentir des fautes publiques; on a fait la guerre, et la paix apparaît à l'univers pour le consoler.

Il est certainement dangereux de faire des révolutions, mais au moins elles découvrent la différence de l'anarchie au gouvernement paternel.

Attachons-nous à ces espérances, que bientôt les nations goûteront les aimables bienfaits de la Sainte-Alliance : déjà la confiance publique a de salutaires effets; déjà la religion qui commande la fidélité, fleurit et répand ses verts rameaux par toute la terre; déjà la vertu céleste flétrit l'erreur et rassure le christianisme.

Pour trouver le bonheur social, il faut respec-

la félicité auprès des trônes..... On trouve la sûreté, la protection et toutes les garanties civiles, par les arbitres augustes.

Les droits publics se conservent par les libertés légales; il faut considérer que les causes générales de l'abondance et des richesses résident dans les systèmes protecteurs.

Si les gouvernements étaient attaqués par les libertés impies et coupables; si les pouvoirs élevés se trouvaient insultés par l'égarement des factions; si les propriétés se ressentaient du désordre ou de l'inquiétude, il serait impossible de voir éclore la fleur de l'espérance.

Après tant de catastrophes, après tant de désastres, n'est-il pas temps que les humains soient heureux? La Providence qui conduit tout, encourage les monarques: elle publie leur Sainte-Alliance, qui fait l'honneur et la gloire des rois et des peuples.

Ce Dieu des lumières, qui juge les intérêts civils et politiques, assure que les institutions qui existent d'après les éternels principes, concourent au bonheur public.

Pour les royaumes et les empires, pour les peuples et leurs droits moraux, pour les prospérités agricoles et commerciales, que toutes les sociétés unies par la Sainte-Alliance soient animées par ce sentiment de conservation, qui inspire aussi les devoirs!

factures, l'ouvrier ignore souvent ses devoirs civils, parce qu'il ne connaît point les devoirs religieux. Tout languit sans bonne foi, sans ordre, sans confiance. Le commerce et l'agriculture sont dans un état de prospérité, par l'ordre, le travail, la confiance et le crédit.

Voulez-vous être heureux? attachez-vous à vos souverains. Cherchez-vous le parfait bonheur? il est dans la fidélité et les vertus sociales. Desirez-vous la conservation de vos biens? réclamez la bienfaisante Providence.

Les misères et les fléaux publics viennent de la désobéissance, du désordre et de l'anarchie. Le Dieu des nations punit les peuples infidèles, il fertilise les champs des hommes soumis et religieux.

Ainsi, c'est au nom de la patrie, de vos intérêts les plus chers, que vous devez, ô peuples, vous attacher à la Sainte-Alliance! On prospère en obéissant aux lois, on accroît la fortune particulière en travaillant au bonheur de la société.

Celui qui fait germer, croître et mûrir, donne les pluies salutaires, et féconde par son soleil vivifiant toutes les semences que renferment les entrailles de la terre.

Qui veut goûter les douceurs de l'opulence, doit s'appliquer à multiplier les produits de son industrie, et chercher les délicieux ombrages de

Des lois conservatrices donnent l'assurance que la tranquillité publique ne sera plus attaquée. J'attribue les révolutions, la destruction sociale, le renversement de l'ordre, à l'impiété, à l'absence des devoirs, à l'affaiblissement de la justice, aux mépris des morales politiques.

On ne voit point d'arbitraire dans les autorités. Des ordonnances justes, des lois sages et sévères, des règlements utiles au commerce, promettent que les humains, unis entr'eux par la Sainte-Alliance, seront heureux ici-bas, en obéissant à tout ce qui fait leur bonheur.

La politique soumise à la morale religieuse, est plus belle et plus touchante. C'est la religion qui attache les hommes à la terre, et les cieux à leur félicité.

La dignité des Gouvernements s'entretient à l'éclat de la foi publique, et la charité chrétienne suit les mouvements de la grâce qui ouvre tous les trésors de la bienfaisance et de la miséricorde.

Tant de rois qui emploient les moyens pour faire régner religieusement l'ordre; tant d'Etats où les constitutions attestent les caractères éclatants de la sagesse; tant de belles lois qui prescrivent l'amour de la patrie, doivent enchanter les peuples!....

S'ils ont aussi leurs droits, ces peuples chers à la Sainte-Alliance, les lois qui soumettent à l'obéissance engagent les monarques à les faire observer avec exactitude, puisque la justice étant pour tous les hommes, rois et sujets trouvent la sécurité dans l'ordre général.

Tels les fruits sont plus doux et plus agréables, lorsque le principe de la sève se distribue également, tel l'ordre offre tout ce qu'il y a de bon et rend la société délicieuse, qui sans lui n'aurait que des choses amères.

O Etats sagement administrés, proclamez les principes sacrés. Une voix céleste confirme la Sainte-Alliance. Le Séraphin brillant des nations paraît dans un nuage d'or; il dit: « Dieu protège » les co-états. Cette union politique et religieuse » plaît au divin réparateur. Tous les devoirs gé- » néraux et particuliers, tous les droits de l'huma- » nité, tous les intérêts moraux, tous les biens de » la grâce, renferment les grandes utilités so- » ciales. Peuples qui montrâtes de la joie de cette » glorieuse alliance, nations qui publiâtes que » l'ordre embellit les Etats, comme les ver- » doyantes forêts ornent la terre, apprenez » encore que tous les Gouvernements se main- » tiennent par la justice éternelle. Que pouvez- » vous desirer?... les vérités sont proclamées, les » droits de l'Europe consacrés, les prospérités » civiles conservées; craignez, oui, craignez tout » ce qui peut troubler l'harmonie. Aimez vos » souverains, ils veillent pour le bonheur. Et

» vous, ô puissances, il vous appartient de régler
» le sort public !.... »

Le génie du ciel, après avoir couvert de son heureux égide les rois qui font les délices de leurs sujets, retourne vers l'Empirée.

Il faut reconnaître que tout le bien qui se fait dans les Etats, provient de l'Auteur éternel; c'est lui qui inspire les chefs augustes. Ainsi, lorsque les mortels sont malheureux, on peut assurer que les calamités se trouvent dans les causes seules de l'insubordination et de l'impiété : les temps sont heureux, lorsque la vie est fortunée, lorsque les tributs de l'industrie, les richesses de la terre, les beaux-arts et la religion, portent à l'accroissement de la société.

Le sujet du malheur public est toujours dans le désordre. Gardez-vous, ô peuples ! des idées contraires à la politique morale, à la raison d'Etat; gardez-vous d'altérer ce charme des foyers domestiques, ce sentiment de fidélité à Dieu et aux princes. Tremblez, ah! tremblez de suivre les passions fougueuses, les mouvements de la dépravation, la voix empoisonnée qui appelle et l'anarchie et l'insubordination : que l'esprit des nations s'attache à ce qui est avantageux : *la prospérité*. Les conditions du bonheur sont à ce prix, d'exécuter solennellement la Sainte-Alliance; point d'incertitude sur l'utilité publique. Tout est fixé par la sagesse : point de paradoxe étrange

qui confirme les mœurs. Que le commerce offre ses appas, la riche culture ses moissons, les bois leur utilité. Que sur les rives fleuries du bonheur, on trouve la consolante espérance qui s'exerce à cueillir le myrthe et la pensée. Brillant augure de ce siècle qui peut devenir fortuné, livre-toi, ô mon ame, à des sensations délicieuses! Quel tableau charmant! union dans les choses sociales, assistance de la part des nations alliées, garantie morale, inviolabilité sacrée, telles sont les lois qui agissent dans la sainte confédération, tels sont les droits des rois et des peuples. Ah! qu'il est touchant pour la raison que la religion inspire des devoirs! qu'il est glorieux d'éprouver la douceur des préceptes divins et la beauté des lois civiles et politiques!

O gloire! conduis le burin de l'histoire, donne de la stabilité aux Etats, attache aux trônes; parais le front couvert de palmes et de lauriers; viens briller sur tous les gouvernements, ramener sur cette terre la joie, les ris, les plaisirs purs et les vertus sociales; prépare aux sujets fidèles le divin nectar qui porte aux plus sublimes transports. Présente à la valeur qui suit tes lois, aux héros inébranlables dans la fidélité, à tous tes favoris soumis et respectueux envers les puissances, présente, ô déesse immortelle, les honneurs purs, les biens réels! Que ton regard tendre se fixe sur ma patrie, ma patrie qui t'adore, ma patrie que tu sais échauffer de ton souffle prospère ! ma patrie que tu aimas toujours. O France ! espère des jours heureux ; France, malheureuse par des événements fâcheux, par des calamités..... la gloire guidera toujours mes pinceaux et annoncera qu'un beau système de notre législation actuelle rend les mœurs plus pures, les pensées plus sublimes, les citoyens plus unis, le commerce plus actif ; que l'ordre brille dans l'Etat comme la rose au milieu des autres fleurs.....

Quelles sont les garanties que les peuples doivent recevoir des gouvernements ?

Une sécurité parfaite pour les personnes qui obéissent aux lois, toutes les sûretés sociales, toutes les libertés légales, la protection la plus entière pour le culte du Seigneur, l'assurance que les propriétés sont sous la sauve-garde de la justice, les droits nationaux respectés, enfin, tout ce qui est bon et utile encouragé par les principes de la morale.

La Providence des royaumes met tous les droits en rapport avec les devoirs. De la source pure et inaltérable de la religion, sort l'eau féconde qui porte la félicité dans tous les cœurs : dans les jours de bonheur les nations déposeront des guirlandes dans le sanctuaire du Dieu très fort. Quelle belle conquête de la raison chrétienne! que les législations sont sublimes avec la morale et la justice, avec des lois qui honorent les sociétés! Charme de la vie, situation heureuse, bonheur pur, jours riants, revenez. Tout le monde convient que les intérêts publics s'unissent très bien à la gloire, à l'amour de la patrie, à la religion.

Souverains qui marquez vos règnes par la justice, qui faites administrer vos Etats par des hommes sages et probes, l'histoire marquera aussi les époques de vos vertus publiques et religieuses?

Chaque jour on apprécie les actes des gouvernements. Dans les Etats représentatifs, le principe conservateur a une vertu angélique qui mérite les louanges de tout le monde. Un roi, aimé de son peuple, travaille pour son bonheur. La société trouve sa sûreté dans les institutions royales, dans les maximes religieuses, dans l'initiative....

Tel le soleil perce les nuages et vient éclairer la terre, telle l'autorité héréditaire pénètre dans le sanctuaire des lois, pour, de son rayon conservateur, rendre à la puissance législative son action régulière et éclairer l'Etat.

Tout ce qui émane de la haute législation procure le bonheur et l'ordre. Les royaumes représentatifs ne prospèrent que par la morale publique et la justice. On veut des représentants remplis de religion. C'est l'honneur public qui se trouve compromis par la séduction, la désobéissance et le soulèvement.

Respectons les monarques, et nous serons heureux : plus leur autorité est grande, plus les Etats sont fortunés; lorsque les rois régissent paisiblement leurs sujets, les libertés civiles fleurissent. C'est l'arbre royal qui donne les fruits du bonheur. On n'a rien à craindre dans une patrie où tout enchante : l'air est pur, les plaines fertiles, le séjour agréable.

O nations! aimez vos souverains, et vos champs seront couverts de riches moissons ; vos coteaux seront tapissés de pampres touffus; vos arbres courberont leurs fronts chargés de fruits; les vents ne dessécheront plus vos plantes et n'altéreront point vos prairies ; la plus douce température rafraîchira vos campagnes. Ce sont pour les peuples et les rois des assurances de fertilité et d'abondance, quand le ciel sourit à la nature. Oui, il répand toujours ses bénédictions sur les gouvernements qui donnent des preuves de religion, sur les sociétés qui attestent par leur attachement aux maîtres de la terre qu'elles sont fidèles.

O bienfaisante Providence! dans le palais ou la chaumière, fais renaître la félicité.

C'est la misère, compagne de la désobéissance, qui rend les humains malheureux. O chefs de la Sainte-Alliance, vous êtes des objets chers aux nations! l'esprit de liberté se découvre dans vos institutions. Cette liberté paisible, qui conduit à sa suite la raison; cette liberté sage qui éclaire, qui fortifie; cette pieuse liberté qui ordonne d'obéir, c'est cette liberté, fille du Ciel, qui a mon sincère hommage. Je loue le Dieu qui la donna à l'homme, je publie ses merveilles. O liberté qui soumet aux institutions, liberté publiqu qui protége les libertés individuelles, liberté qui craint d'interrompre le cours de la puissance, liberté qui ne s'écarte jamais de la source constitutionnelle, tu suis les mouvements de la grâce..... Le Tout-Puissant donna le libre arbitre à l'homme, mais pour qu'il travaillât à son bonheur et qu'il choisît d'après la raison et la révélation.

La liberté des nations se ressentira de la Sainte-Alliance : défendus par les maximes célestes, les peuples gardent leurs libertés pour le bonheur des gouvernements.

Etats fortunés! le ciel bénit vos sentiments! Réjouissez-vous, ô sujets qui portez dans vos cœurs vos rois légitimes, félicitez-vous du bonheur permanent. Aimez l'ordre, l'Alliance sainte. Alliance sociale, toi qui découvres les secrets de la sage législation, toi qui assures l'éternité des diadèmes, fais jaillir tes lumières sur ma patrie, porte à la gloire, ranime la croyance!

Les vertus publiques garantissent les royaumes; elles rendent impossibles les soulèvemens et les désordres. On doit s'appliquer à diriger l'esprit public vers la religion, à ramener la jeunesse aux bons principes.

Il n'y a rien de plus précieux que la paix ; mais, pour la conserver, on doit prouver par les actions sa fidélité... Rien n'est plus doux que l'ordre, mais on n'aura la félicité qu'en chérissant le prince. Rien de plus agréable qu'un état riche et civilisé, mais c'est par la liberté du commerce et par les mœurs qu'on voit fleurir et prospérer les royaumes.

Il n'y a point de sentiment plus doux, plus suave, que la reconnaissance. On doit louer les bons rois..... qui assurent la tranquillité. Louange, gloire et honneur à la Sainte - Alliance; louons les lois générales, les lois bienfaisantes, les lois nécessaires....... Des souverains qui sont justes et sages, qui ouvrent leurs trésors à leurs sujets, qui encouragent les sciences et les arts, méritent les hommages publics. L'esprit des nations s'améliore, il se porte vers la vérité. Les nations n'ont nul sujet de se plaindre; elles doivent se réjouir de leurs constitutions. C'est à la source du bonheur qu'elles trouvent les richesses et l'espérance.

Dans les temps où, pour se rendre indépendant, un peuple déréglé s'élevait contre Dieu et les Rois; à ces époques de désastres, la souveraineté populaire traînait après soi l'anarchie et l'irréligion. On avilissait les dynasties pour insulter à la vertu. On perdait le goût des choses éternelles pour aimer l'injustice. Dans ces jours de cruauté, on prononçait les mots d'esprit public. Aujourd'hui, il appartient d'en connaître, et les degrés et la juste application.

Qu'est-ce que l'objet de l'esprit public? de

rendre témoignage à la bonne administration, de contribuer à tout ce que l'Etat ordonne pour le bien général, de ne sortir jamais du cercle des devoirs, d'aimer la patrie, de ne point perdre le souvenir de la religion, de chérir la personne puissante qui règne par les lois divines et humaines.

Quel est l'esprit public? c'est de s'attacher à l'ordre, c'est de trouver toujours aimable la douce domination de ceux établis pour commander au nom des gouvernements, c'est de respecter la justice. Les malheurs publics viennent du mépris des lois. Les maux sont grands quand les magistrats se trouvent méprisés, quand les coupables insultent aux mœurs, quand les écrits incendiaires appellent l'impunité. Alors le Dieu infini, du haut de son trône lance ses foudres sur les hommes ingrats. C'est une sentence d'un sage et d'un chrétien : *qu'aussitôt qu'on a perdu le respect pour ceux qui gouvernent, on ne craint plus les lois, ni la justice.*

On ne peut nier que l'esprit public ne se compose des honnêtes gens. On ne saurait aussi méconnaître que cet esprit public ne renferme toutes les vertus, la véritable gloire, l'intérêt national.

Dans la bouche des factieux, le salut public, c'est de suivre leurs idées pernicieuses; mais l'honnête citoyen aime les charmes de la vertu et les douceurs de la vie civile, qui se rencontrent dans l'ordre, sous la plume des publicistes hypocrites qui ne mettent point la sagesse en pratique; l'esprit public, c'est leur esprit désorganisateur, c'est leur imposture... Dans les écrits où les préceptes des auteurs répondent à la pureté de leurs actions journalières, le véritable esprit public rend la fidélité plus aimable, la religion plus majestueuse, le respect plus sincère.

Ainsi on peut découvrir, comme dans un tableau fidèle, les personnages qui cherchent véritablement à instruire la société, et ceux qui jettent un ridicule sur les ministres des saints autels, et sur les constitutions.

Servir l'Etat, c'est aimer les lois et les institutions qui en dépendent; servir son pays, c'est travailler au bien commun : les hommes nés pour être heureux sous les rois sages et éclairés, se rendent souvent malheureux par l'esprit de discorde. Les dépositaires de l'autorité méritent l'estime publique, puisqu'ils s'occupent admirablement du bonheur social.

De l'ordre dans les actions, de la sagesse dans les chefs, de l'obéissance dans la multitude, et la félicité sera le propre de la patrie.

Quelle douceur dans les rois! s'ils sont nos maîtres, leurs commandements n'ont jamais rien d'arbitraire, c'est la bonté qui accompagne leurs ordonnances. J'admire tous les souverains de la Sainte-Alliance; ils font le bonheur par devoir, ils sont humains sans faiblesse, justes sans inconstance, religieux par sentiments, affables par caractère.

Et comment les peuples oseraient-ils méconnaître leurs devoirs, chanceler dans leur fidélité, mépriser audacieusement la morale? Non, non, qu'ils se servent de la raison céleste pour les guider; elle leur apprendra que tout corps politique serait dangereusement malade, aussitôt que le pouvoir exécutif ne trouverait plus sa suprême hiérarchie. L'ordre éclaire la politique; mais cet ordre ne peut subsister, si les factions compromettent les parfaits gouvernements : ce fut l'impunité qui détruisit les grands empires. Enhardis par la licence, les Grecs et les Romains présentèrent le spectacle dégoûtant de la plus horrible confusion.

Lorsque les choses en sont à ce point, il se commet mille infidélités. Grâces au ciel, ces excès ne sont pas à redouter dans les Etats de la Sainte-Alliance. Vous ne le permettrez-pas, ô Dieu des armées! et vous, ô dignes monarques! votre autorité suffit; que les couronnes conservent leurs pouvoirs, que les lois aient leurs majestés, et que la reconnaissance des peuples soit le prix de l'affection!......

C'est souvent au nom de l'opinion publ[illegible]
que les partis s'agitent. L'opinion pub[illegible]
la définir, il faut se rendre com[illegible]

de sa morale, de son influence, de sa véritable religion.

Qu'appelez-vous opinion publique? Cette question est infiniment intéressante pour le bonheur général. L'opinion publique est une dans son objet, juste dans ses effets. Etrangère aux divisions, elle s'exprime dans l'intérêt de l'ordre; c'est la voix du Tout-Puissant même qui dit: « Je » n'annonce aucune inquiétude, aucune catas- » trophe; le monde serait très heureux, s'il était » soumis à la raison éternelle. Les pouvoirs, éta- » blis pour le repos, ne peuvent exécuter les lois » que par le bon ordre. Tout gouvernement fai- » ble devient malheureux; il faut conserver les » droits généraux par la fermeté. Tous les » rois qui gouvernent d'après la Sainte-Allian- » ce, sont doux; mais leurs royaumes seraient » en péril, si la tyrannie populaire exerçait, par » les factions, sa dangereuse influence! Il faut » servir sa patrie par amour et obéir aux puis- » sances par devoir. O peuples! servez pour » l'honneur de l'Etat, servez pour la véritable » gloire, servez avec tendresse. L'opinion pu- » blique a son jugement; elle est douce, elle » protége, elle reconnaît les bienfaits; favorable » à la tranquillité, elle rappelle à l'espérance. Par » le sentiment de sa force, elle a toujours besoin » de l'ordre. Le mal ne vient que des ennemis de » la juste opinion. Cette opinion garantit des mal-

» heurs; elle ne peut souffrir l'impiété avec ses » dangers, la superstition avec ses frayeurs, » mais elle aime extrêmement la vertu, la pru- » dence, les choses grandes, les actions belles » et courageuses; c'est pour ne pas la consulter, » que la multitude ignorante et fanatique se » porte à des excès, sous le prétexte de l'opinion » de tous les mortels.... Qui veut la connaître la » trouve sans passion, gouvernée par la reli- » gion; à ses côtés on voit l'aimable raison, » l'espérance qui sourit, la puissance qui s'appuie » sur elle, sa démarche est noble. »

Le portrait de l'opinion publique vous paraît majestueux; il est relevé par les couleurs de la nature; c'est la bonté des mœurs nationales qui en fait connaître le mérite. Ainsi lorsque l'opinion publique, différente de l'esprit public, cherche ses avantages, elle fuit les partis pour avoir droit d'être heureuse : ses droits précieux et sacrés ont la justice pour messagère, la vérité pour organe, la bonté pour épancher ses douleurs.... On ne peut plus se tromper sur la prudente opinion. Tous les intérêts, tous les desirs honnêtes, tous les points publics, toutes les reconnaissances sociales, appartiennent à l'opinion des peuples.

Ce sont les nations prévoyantes et sages, justes et obéissantes, qui trouvent la gloire et les splendeurs. C'est à vous, ô rois religieux! de juger l'opinion des hommes; c'est à nous, sujets fidèles, d'attendre le bonheur ; et d'être soumis à la puissance exécutive.

Le bonheur conduit à tous les biens. Les nations qui ont le sentiment de leur conservation, ne s'opposent jamais aux vues grandes et généreuses des pouvoirs.

De par les rois : mots saints qui annoncent la justice, la libéralité, les félicités, l'intégrité, la religion, et tout ce qui touche et les fortunes, et les propriétés, et le commerce.

Souverains forts et puissants, réunis par les intérêts de vos peuples, ouvrez, ah! ouvrez avec assurance toutes les communications qui conduisent au bien-être. C'est dans un Océan de bonheur que les mortels desirent vivre... Sur cette mer de délices, le pavillon de la paix doit s'agiter au gré de Zéphire. Les gouvernements apprécient les doux charmes de la prospérité. Un ordre nouveau d'espérance remplit les cœurs.

Hommes de l'univers, faites retentir l'air de chants joyeux, de concerts enchanteurs, d'hymnes nationaux; l'humanité soutient la foi, la raison défend les libertés; tandis que ces vertus se trouvent sur les trônes, tandis que les sociétés veulent l'ordre, tandis que ces habitudes sont aimables et bienfaisantes, tandis que la croix brille dans les cieux, que tout ce qui opprime la morale disparaisse ; les temps sont arrivés où les licences et les impiétés doivent finir. Courbez vos têtes sous le signe de la Rédemption, profanateurs du temple. Revenez, revenez au pied des autels..... Vénérables missionnaires, prêtres du Seigneur! brûlez l'encens, entonnez des cantiques, jamais la religion ne fut plus révérée, jamais les monarchies n'ont été plus affermies.... Prés fleuris, belles campagnes, riches vallons, bois charmants, vous donnez aussi des preuves de fertilité et d'abondance!....

Clio, puisque tu me confies ta plume d'or, je veux confirmer cette vérité : *que partout où les droits politiques sont consacrés, partout où le bonheur réside, les peuples reçoivent toutes les richesses, et goûtent la joie très pure qui provient de la fidélité.*

Si la grande opulence des nations dépend de la morale, qui donne la connaissance de ce qu'il faut faire pour être heureux, de l'ordre qui fait prospérer, de la généreuse résolution qui demeure ferme dans le devoir, on peut dire : « que » c'est manquer à la raison et aux intérêts géné» raux et particuliers, de ne chercher qu'à » ébranler l'édifice social. »

Ce système pacifique célébré par les rois, cette union si constante, ces progrès de la sage politique, ces dispositions affectueuses, ces considérations qui s'appliquent à l'avenir, ces conférences diplomatiques, enfin ces avantages du traité conclu à Paris en 1815, manifestent que la Sainte-Alliance sera éternelle.

O humanité! tu respires; douce sensibilité, vois des jours heureux; instruction porte la vérité dans les cœurs, fais circuler le bonheur dans la sphère de l'espérance, orne les jardins de l'éducation des fleurs modestes des pensées!...

C'est un grand bonheur que les souverains s'unissent pour rendre les peuples heureux. Il existe une faction dans le monde qui veut tout détruire, afin de rappeler les jours odieux de la révolution. Non, le peuple n'est *point souverain :* l'Europe sait fort bien garantir son pacte, et constituer son bonheur en distinguant les pouvoirs exécutif et législatif. Par l'insubordination, les liens politiques sont rompus. Quoique la vérité éternelle entretienne l'ordre, il existe aussi dans le devoir. Il n'est point de malheurs pareils à ceux de l'indiscipline et de l'anarchie.

Les gouvernements ont leurs institutions, leurs habitudes, leurs mœurs. Tel Etat a sa représentation, celui-ci ses lois souveraines, celui-là, sans être absolu, suit les propres ordonnances du monarque; mais vouloir exiger partout des représentations, c'est détruire l'ordre social par un droit public nouveau, et porter la coignée à l'arbre vigoureux qui ombrageait le corps civil, pour ne laisser que des racines.

Les pouvoirs sont réglés par les décrets célestes. Dans les champs de la félicité, l'eau souveraine, par un attrait puissant, rafraîchira les fleurs de nos couronnes, et portera l'abondance par toutes les contrées.

C'est toujours à la source du bonheur public qu'on se trouve heureux. Frappées de l'éclat de la prospérité, desirez, ô nations aimables! que les droits des trônes préservent de toutes calamités, desirez la fermeté des monarques qui fait la bonne politique; desirez la justice qui rend toujours la condition humaine très heureuse; desirez que l'humanité sainte assure la bonté des lois; desirez que vos constitutions soient inébranlables. Soyez certaines que la paix conduit le commerce et que la fidélité ramène le bonheur.

Les Etats politiques sont dans toute leur grandeur, dans la plus pure perfection. Que demandent donc tous ces novateurs? veulent-ils que les sociétés soient dans la servitude sous l'apparence de la liberté? Siècle de lumières, siècle que l'on veut gâter et corrompre par l'impiété et la désobéissance; beau siècle, je me réjouis de tes brillantes clartés, mais tu mériterais plus de louanges par les devoirs civils et ceux de la religion.

Le premier devoir de l'homme en société, c'est de chérir son gouvernement, d'aimer son Dieu, et d'obéir aux volontés royales.

Religion chrétienne! tu relèves la dignité humaine. Puissance spirituelle! tu inspires le respect pour la puissance temporelle, tu favorises l'instruction, tu ne redoutes point les ténèbres... Droits et devoirs, lois et institutions, tout porte l'empreinte de ton caractère divin, tu t'identifies avec l'ame pour opérer des miracles : aux bords fortunés de ton vaste royaume, fleurissent et les roses et les lis!...

Tel l'Auteur immortel ordonne aux saisons, fait mouvoir les corps lumineux, porte les feux créateurs dans les plantes, organise la nature humaine ; tel, dans un gouvernement monarchique, un roi régit par des lois équitables le corps social, entretient l'harmonie, veille aux intérêts.

Si des causes étrangères au bon ordre dérangent l'équilibre, si l'astre royal est éclipsé par les caprices de l'intrigue, si l'État est en butte à la bizarre inconséquence, si toute combinaison des intérêts civils et religieux devient inutile par la folle nouveauté, le gouvernement attaqué sur ces points admirables ne peut plus produire cette félicité qui charme les cœurs.

Ce siècle a vu tant de commotions surprenantes, tant d'excès inouïs, tant de catastrophes extraordinaires, que les hommes ont reconnu que leurs desirs étaient chimériques. On cherchait le bonheur, dans le pouvoir suprême, les habitants du globe doivent cueillir les fruits de l'édification et de la grâce.

L'autorité est appuyée sur l'ordre, la justice et les lois; ce serait en vain qu'on voudrait être heureux dans l'état d'indépendance. Si je parlais aux peuples assemblés, je leur dirais : « Il est une » grande vérité. La sage *liberté aime l'esprit d'u-* » *nion*. Dans *l'étendue de la prérogative des rois,* » *se trouvent toutes les assurances*. Combien *la* » *source doit être pure*, *puisque* les ruisseaux » en sont si agréables!... Qui doit diriger l'Etat? » ce sont les pouvoirs... Le peuple est légalement » représenté par ses envoyés; et quand le bon- » heur repose, dans les gouvernements, sur » l'attachement, on serait bien répréhensible de » faire tout ce qui porte au malheur, au dé- » sordre... »

Réellement le bonheur réside dans la religion, dans la parfaite obéissance, dans l'intérêt public. Tous les biens d'une nation se composent des fortunes publiques et particulières. Quelle question importante sur l'état social! Les rois sur leurs trônes, les bergers avec leurs houlettes, le laboureur sous le chaume, l'artisan dans son atelier, le marchand dans son magasin, le négociant dans son comptoir, le savant sur ses manuscrits, les lévites du Seigneur dans le sanctuaire.... les matelots sur les flots d'une mer en courroux, tous les humains ont un desir : *de parvenir au bonheur*. Ce sentiment est inné dans l'homme; il manifeste partout sa volonté d'être heureux. Et pourquoi donc ses vœux ne sont-ils pas toujours exaucés? C'est qu'il existe une Providence qui veut que les mortels aspirent au bonheur par la sagesse, et à l'ordre par l'obéissance; elle applaudit aux principes légitimes, et méconnaît les sujets rebelles et audacieux.

Heureuses les nations qui, déterminées par la justice et les intérêts du bon ordre et de la fidélité, réunissent leurs volontés dans l'amour du Dieu grand et puissant, dans celui des couronnes et des libertés légales! C'est pour ces nations que fleurit l'arbre social, que le commerce et l'art de Triptolème enrichissent tous les particuliers; que les denrées d'un hémisphère brûlant, transportées dans les contrées tempérées, accroissent les richesses européennes et étrangères. Des peuples qui suivent les aimables impulsions du devoir et de la fidélité, font des affaires importantes : la certitude du bonheur présent répond pour l'avenir. Ainsi c'est dans lui-même que le peuple trouve sa fortune : le travail et l'industrie cherchent l'aisance dans l'occupation.

La majesté, dont le trône est au plus haut des cieux, donne le bonheur aux royaumes, où les bonnes doctrines sont conservées, où les sentiments d'un noble dévouement affirment des principes constants, où les gouvernements savent concilier la sûreté des citoyens avec la justice, la garantie des droits avec l'équité, la vraie politique avec l'utile civilisation.

Ce sont ces Etats puissants et héréditaires, paisibles et solidement constitués, qui assurent les richesses, qui entretiennent le bonheur, qui annoncent par la force de leurs lois organiques, qu'ils se soutiennent contre les factions..... la perfection de l'ordre, la nature des choses, ont des effets merveilleux.

Que de puissants motifs pour que toutes les institutions soient en rapport avec l'esprit de la religion, avec les droits civils et politiques.

Il est impossible que les sociétés vivent heureuses, hors de la fidélité et de l'ordre moral. Il faut des nœuds saints qui unissent les hommes, il faut des règles fixes qui retiennent dans le devoir.

L'esprit du siècle est admirable, s'il est en harmonie avec les actions bonnes et vertueuses, s'il possède la raison qui veut le repos.

L'esprit du siècle qui marquerait l'intention de tout renouveler par la philosophie nouvelle, ne chercherait plus le véritable bonheur, l'esprit du siècle éclairé par les lumières célestes qui chérit la foi, qui révère l'éternelle sagesse, est merveilleux; il respecte la religion, il est docile aux pouvoirs légitimes.

Un esprit du siècle qui ravirait toutes les espérances, nuirait singulièrement à l'intérêt d'un Etat, et faudrait-il donc subir les idées sombres, les erreurs séductrices, les honteuses chimères *de l'esprit du siècle* qui prétendrait tout détruire pour tout régénérer?... Ce serait un malheur *réel.* Je veux le dire; ce n'est point le véritable esprit du siècle qu'on aperçoit dans les systèmes erronées de ceux qui sont indifférents sur le bonheur public.

Loin que la religion soit contraire au bonheur des sociétés, elle sourit à l'ordre, applaudit aux vertus civiles, consacre l'obéissance, unit les rois et les peuples.

Après les abus de la licence, les désordres généraux, les infortunes domestiques, les hommes sont plus disposés à chercher les douces consolations dans l'église du Dieu sauveur, et c'est un fait d'expérience que, dans les Etats long-temps tourmentés des fureurs de chimériques changements, les hommes honteux de leurs erreurs, se rallient à la tendre religion et trouvent qu'on ne peut être heureux sans elle.

On voit que l'existence des nations tient aux éléments de l'ordre, à la morale, à la religion qui rapproche les esprits, qui soumet les cœurs, qui fait espérer une vie immortelle.

Si les Etats se conservent par la pressante protection divine, si les peuples sont estimés d'après leur fidélité, on peut compter que l'esprit public est parfait.

Dans tous les changements excités par l'esprit révolutionnaire, le monde est toujours malheureux : la sagesse, la justice, la sécurité, disparaissent pour remplacer les déclarations de l'homme, *la souveraineté populaire, l'indépendance*. L'esprit général renferme sans doute des lumières, des sentiments d'ordre; il est estimable parce qu'il réunit la générosité aux connaissances législatives, la confiance à la droiture. Il considère la nature des pouvoirs souverains comme nécessaire au bonheur de la société ; il aime la liberté douce et bienfaisante, mais il connaît ses devoirs et il évite les crises, respecte la grandeur royale, et emploie tous ses moyens d'ordre pour faire triompher les dogmes de la religion et pour rapporter toutes ses actions à Dieu, aux rois et aux constitutions.

Ce monde a besoin de tranquillité. Les antiques dynasties ont consolidé l'édifice social; et à juger par la malheureuse impulsion de la *lumière nouvelle*, un monde nouveau, des sociétés régénérées ramèneraient et l'égalité, et sa sœur la liberté.... Ne croyez pas ses espérances futures, ô peuples remplis de religion, écoutez la prudente, l'aimable liberté, relevée par le chris-

tianisme et donnée à l'homme par l'être surnaturel !... elle vous dira : « N'allez point me confondre avec la sanguinaire liberté qui fait les ré-
» volutions ; je porte l'homme à l'honneur, ma
» société est durable, j'existe par la justice im-
» muable, j'agis pour le bonheur, je révère les
» Etats ; on respire sous mes feuillages l'air pur
» du Paradis terrestre, tout fleurit dans mon sé-
» jour délicieux : je ne m'écarte jamais de la vé-
» rité. Nulle espérance de stabilité, nul bonheur,
» si l'on refuse l'obéissance aux lois. J'ai sur
» mon casque ces mots gravés en lettres d'or :
» *Toute nation conduite par ma sagesse, et*
» *gouvernée par des souverains justes et re-*
» *ligieux, est et sera fortunée* ! »

Eh ! dans quels siècles, à quelles époques les hommes furent administrés avec autant d'ordre et d'affection que dans l'état présent ?

Les gouvernements voient tout ce qui est juste, bon, utile ; ils connaissent les droits nationaux, les libertés publiques, mais il faut aussi que les puissances augustes en imposent aux perturbateurs, à ceux qui ne répondent pas à la loi générale.

Quels sont les éléments de la conservation sociale ? Ce qui rassure contre les idées démocratiques, ce qui ranime l'amour de la patrie, ce qui porte une effusion sans réserve pour l'autorité, ce qui forme le continuel sentiment national, ce qui est salutaire à la sage politique.

On conserve les Etats par les lois, par la garantie civile, par la pureté des intentions, par le principe divin.

Vainement essaierait-on de trouver le bonheur dans l'entrave donnée au gouvernement: on ne verrait que la confusion. Vainement chercherait-on les gages de la prospérité publique dans un nouvel ordre de choses? Au lieu de retirer un bienfait nouveau de cette révolution politique, la mauvaise foi et la dépravation s'étendraient sur la société.

Des siècles d'expérience viennent attester une grande vérité : c'est que *les bons gouvernements sont actuellement très bien formés, et qu'il faut considérer leur durée comme un grand bonheur.*

Rien n'est plus opposé à la félicité des peuples que l'indiscipline et les téméraires désorganisateurs; ils parlent contre la servitude, et ils enchaînent l'autorité; ils proclament une liberté idéale pour mener la royauté en esclavage. La véritable liberté légale est appropriée aux devoirs. Elle constitue la grandeur des gouvernements. O vous! qui voulez la gloire de vos nations, amis des monarchies, des libertés et du bonheur, donnez des marques d'approbation à vos sages législateurs! Tout est réglé, la politique des cours est éclairée, les volontés se réunissent dans l'intérêt des Trônes. Vos destinées, ô peuples! sont attachées aux grands pouvoirs.

L'aisance est le prix de la fidélité : dans les temps de désordre, rien n'est sacré. Nous avons expliqué le grand problème de la prospérité générale, prouvons que la sûreté publique est là où règne souverainement le principe universel.

L'esprit des sociétés, qu'on ne peut confondre avec l'effervescence populaire, est le fruit de la civilisation chrétienne; il n'est point impétueux, mais calme, mais prudent. Cet esprit se dirige par les mouvements surnaturels. C'est toujours le feu de la patrie qui l'embrase, c'est la sainte inspiration qui le porte à de pieux desirs; il se règle par la sagesse des pouvoirs; il a des résultats heureux, parce qu'il n'entreprend rien contre l'ordre.

Le grand art de la politique consiste à s'appliquer au bonheur du gouvernement, à consulter l'intérêt social, à ne point se laisser comprimer par des partis tout-à-fait contraires au maintien de la tranquillité. Un esprit de l'ordre des principautés célestes paraît dans un nuage d'azur, il proclame « qu'on ne peut pratiquer la vertu
» que par de généreuses résolutions : que les fac-
» tions plongent en de grands malheurs ceux qui
» écoutent leurs langages impies. O sujets fidèles!
» dit cet envoyé des cieux, apprenez une vérité
» qui vous enseigne à connaître ces libertés pu-

» bliques. On ne connaît point de libertés plus » belles dans l'Olympe que celles qui portent au » bien; que sur vos terres de prospérités, la li- » berté accroisse votre gloire au lieu de l'obcur- » cir; qu'elle augmente vos réputations de fidé- » lité, au lieu de produire des désordres; et pour » distinguer le bien du mal, votre liberté, sainte » émanation de la divinité, vous fut donnée par » elle, afin de ne rien commettre contre l'auto- » rité. Le souverain Juge sait avec quel zèle les » puissances soulagent leurs peuples; c'est l'âge » mûr des Etats : toutes les monarchies actuel- » les entretiennent la vigueur du corps social.... » la morale religieuse, les lois bienfaisantes, » rendent heureux..... Quoi! des principes si » purs, des bienfaits si certains, des di- » gnités si sacrées trouveraient de misérables » novateurs qui, par l'indécente démagogie, » mépriseraient audacieusement tout ce qui ga- » rantit la foi publique; non jamais, jamais... ces » excès d'insubordination ne sont pas suppor- » tables. C'est à la puissance qu'on doit l'éclat » de la pierre précieuse du monument élevé à » l'ordre, c'est elle qui fait serpenter au milieu » du vallon de la félicité, le ruisseau limpide de » la grâce. Dans les Etats des augustes assem- » blées, la plus belle science de ces grands pou- » voirs nationaux, c'est d'établir le principe de » la conservation morale, et d'écouter la religion » des trônes et le besoin des peuples. »

Après cette instruction, ce pur esprit qui a prédit les choses futures, sourit aux nations aimables et fidèles ; il salue la terre, en lui promettant le véritable bonheur.

Que ces consolantes paroles ont de charmes! c'est en Dieu que nous allons mettre notre espoir, c'est ainsi que toutes les volontés viennent se réunir, que tous les sentiments se réveillent pour les règnes augustes ; alors la vie humaine devient plus belle, la morale reçoit plus d'éclat, la religion propage sa belle maxime : « *Qu'il faut* » *diriger les esprits* vers la sagesse, et que la » conscience sociale se manifeste par la réciprocité d'amour, et par *la plus entière confiance* » *dans les monarques.* »

Il y a un danger éminent dans l'Etat, si les vains sophismes triomphent, si, par des déclamations absurdes, on censure l'autorité, si l'on cherche à effacer dans les cœurs le sentiment de fidélité, si par des actes d'insubordination on s'oppose à la suprême puissance. Eloignez-vous, ô peuples, de toute sanglante révolution! vous avez des exemples terribles, qu'après que le fleuve d'iniquité a parcouru les mers orageuses, il rentre par les canaux souterrains à sa source impure..... On se ressent long-temps des ravages du fanatisme politique : montrez par vos actions combien vous chérissez l'ordre, montrez aux souverains un dévouement sincère. Donnez, ô nations policées! donnez à l'univers entier des preuves de la sincérité de vos sentiments, de votre honneur, de l'héroïsme de votre conduite; prouvez votre affection, votre amour et votre desir d'être heureuses dans l'état où le ciel vous fixa. Aimez la gloire, aimez l'honneur, aimez vos rois, aimez l'adorable divinité. Aimer la gloire, c'est aimer ce qui est grand, pieux et juste; la gloire! ce sentiment divin qui conduit à la véritable félicité, la gloire solide qui n'entreprend rien contre l'autorité, la gloire qui adore la patrie, la gloire ce principe d'honneur, ce don de la grâce, cette foi cultivée par l'éducation religieuse; la gloire, ce pur sentiment du cœur, qui découvre à l'ame toutes les merveilles de la parfaite législation, la gloire qui n'abandonna jamais un Etat malheureux, la gloire qui fuit le trouble, qui chérit les institutions, la gloire qu'on trouve partout où la fidélité existe.

Ne croyez point qu'un gouvernement soit heureux sans ordre, sans fidélité. Vous qui déclarez les droits, annoncez aussi les devoirs; ce sont les devoirs qui donnent de la stabilité à la patrie, ce sont les devoirs qui conservent les droits, ce sont les devoirs qui rendent inépuisable la source du bonheur.

Tout prospère là où règne la loi, tout fleurit dans un gouvernement fort et puissant : tout languit dans l'anarchie.

C'est une grande imprudence de desirer, ou

de poursuivre un système d'effervescence. Il faut enfin se convaincre de ce principe !

« Qu'après tous les moyens injustes pour par-
» venir à troubler les gouvernements, après avoir
» exercé les infamies, les terreurs, après avoir
» flétri les pensées...... il n'y a que de la honte
» et des malheurs à recueillir, et l'on revient
» (*fatigué de sang et de carnage*) aux éter-
» nels droits, aux trônes conservateurs. »

Les commencements d'une insurrection ramènent tous les fléaux, toutes les intrigues de l'esprit infernal; si nous pouvons nous servir d'une comparaison que nous présente le livre saint : *c'est la voix des enfers qui invoque la révolte, pour affliger les sociétés.*

Sans autorité, il n'y a point de gouvernement stable. L'existence du monde politique tient au système d'ordre. On arrive à l'honneur par la vertu, et à la gloire par la justice.

L'histoire des temps passés recommande au temps présent l'intérêt social, les droits positifs, l'intérêt royal et les devoirs généraux. Le meilleur conseil du monde moral, *c'est que les moyens d'action* étant donnés à la puissance pour assurer la situation civile, elle doit réprimer les écarts de l'insolence et de la rébellion.

S'il est un vœu pur, c'est celui de solliciter du trône céleste que les monarques de nos pères soient toujours représentés par leurs successeurs :

si toutes les nations qui respectent leurs institutions parviennent à la prospérité, c'est qu'elles aiment la dignité des trônes.

Les troubles affligent l'humanité, désespèrent l'Etat, répandent la consternation, causent les maux publics et particuliers.

Mais, ô espoir consolant! les accents religieux des intelligences infinies ont touché les hommes.

L'ange de l'ordre des Dominations nous éclaire, il démontre aux peuples cette vérité tutélaire de l'existence sociale, « que sans ce lien national » qui unit toutes les volontés dans le sentiment » du bonheur, sans ces rapports civils et politi- » ques qui rendent le repos certain, il n'existerait » plus de suprême félicité : que mon apparition, » dit l'esprit consolateur, porte la joie dans les » cœurs, j'ai pénétré tous les systèmes, je connais » les théories des Etats, et j'applaudis aux au- » torités du monde civilisé. Des princes réunis » par la Sainte-Alliance, guidés par la seule » gloire, travaillent aux institutions.... Les choses » légales, les vérités primitives, les constitutions » sages constituent le grand pacte public. C'est » au nom des augustes signataires que je pro- » clame l'article qui porte : soit dans les relations » actuelles, soit dans celles qui lient les puis- » sances aux autres Etats, les rois déclarent que » les principes d'union intime qui ont jusqu'ici » présidé à toutes leurs relations communes,

» doivent rendre plus fortes encore et plus indis-
» solubles ces saintes confédérations. »

Dieu forma la souveraineté; il joignit par la pure affection les monarques bienfaiteurs à leurs peuples obéissants; il proclama la bonté des Etats, et produisit dans les ames *l'amour de la patrie.*

Tous les malheurs publics viennent de l'anarchie et de l'infidélité; et quand les gouvernements accordent les garanties morales, quand les Etats ont le régime le plus légal, quand les constitutions s'appuient sur l'humanité qui justifie la bienfaisance, sur la justice qui marche avec l'ordre, sur la loi qui protège, si par des doctrines impies on troublait les royaumes, ou les gouvernements constitutionnels, le contrat politique, le droit social, les assurances civiles seraient sans force et sans autorité.

Le sort d'un peuple dépend de son existence morale. N'accusez pas le ciel, sa grâce est suffisante, vous pouvez être heureux par les puissances...... on arrive au bonheur par l'union, et c'est dans une alliance heureuse des sujets avec les rois que les jours sont prospères.

Tout est marqué dans le cercle des devoirs. Envisageons les rapports de la liberté raisonnable avec les principes politiques et l'égalité civile.

Ce qui constitue la véritable liberté, c'est de jouir des précieux avantages de la vie sociale, de trouver dans les lois tous les recours contre l'injustice ou l'arbitraire. La liberté donne à l'homme la justice pour compagne, elle rend les vertus plus chères parce que la patrie s'unit avec le pouvoir dans l'intérêt de l'ordre.

De ces rapports importants résultent les biens purs, les droits sacrés, les devoirs éternels; on ne redoute point les secousses révolutionnaires, quand la fidélité brille dans l'Etat, quand, par un juste discernement, l'esprit public suit la bonne direction de la politique sage et du gouvernement protecteur.

Tout ce qui est raisonnable est accordé par le temps. La postérité saura comment les chefs augustes ont donné aux Etats la véritable législation, la solide grandeur. Nous justifierons les gouvernements, et l'histoire, par un coloris brillant de vérités, prendra cette vigueur, cette élévation pour dire les choses funestes aux peuples, par leur infidélité, ou les couleurs d'un beau jour, pour peindre l'aisance, les bonnes mœurs et la paix.

Les gouvernements en améliorant la société civile, en reconnaissant les droits respectifs, administrent avec justice; le nœud social unit le sort des hommes; il porte par sa force morale à l'affection, au bonheur. On connaît tous les maux d'une longue anarchie : le désordre dans l'Etat, l'infidélité dans les cœurs, l'athéisme au sein d'un royaume autrefois religieux, la foi évanouie la raison réduite au silence, telles furent les afflictions publiques.

On renaît à l'espérance aussitôt qu'on aime la puissance : ainsi l'arc-en-ciel paraît après l'orage, pour annoncer un beau temps; de même le repos est dans l'Etat, la félicité dans l'asile domestique, sous des princes adorés qui administrent en pères, et qui rendent nos jours riants et fortunés.

Pour faire des heureux, la puissance a tant de vertus! on n'a point encore démontré quelles sont les justes garanties qui donnent la solide gloire à la société, tous les pouvoirs à la justice des trônes, toutes les richesses morales aux peuples.

Les principales lois par lesquelles il faut policer l'existence sociale, sont celles qui préviennent le désordre, qui disposent au devoir, qui éclairent la raison publique par la lumière de la divine vérité, par des institutions uniformes, puissantes, qui forment les hommes à ce qui est éternellement bien.

Les systèmes généraux peuvent soutenir la véritable opinion. Les puissances correspondent entre elles; elles s'aident, s'entendent, elles réparent continuellement l'édifice politique.

Le temps porte avec soi les conseils et le bon jugement : les affaires d'Etat réussissent dans le calme et la maturité, qui veut cueillir le fruit avant le moment accoutumé, ne peut ni le conserver, ni espérer aucune douceur! Les bons succès dépendent toujours des rois et des ministres sages et vertueux.

La raison d'Etat doit être écoutée, l'autorité doit commander: le bonheur étant l'objet de la volonté de l'homme en société, il ne peut l'acquérir que par l'ordre, les lois et la religion...... Ainsi le principal effet de la félicité est de connaître la puissance qui gouverne, de la respecter.

L'esprit de parti, toujours violent, ignorant et cupide, nous précipite dans les malheurs. Les troubles procèdent de l'immoralité, des inconséquentes factions et de l'aveugle indépendance.

Si l'ancien et le Nouveau Monde réglaient leurs devoirs par la liaison du respect, par les bienséantes actions, par une douce affection, le Juge suprême, le Gouverneur des mondes soutiendrait les états et porterait son flambeau dans tous les cœurs. Le plus agréable des chants serait celui où, en invoquant ses lois saintes, on lui demanderait la vertu et l'espérance, la liberté sage et le bonheur, les précieux monarques et leurs chères institutions.

On compromet la sûreté publique par le mépris pour les pouvoirs, par une liberté indécente, par les fureurs de l'anarchie. La méchanceté ne connaît point de milieu. Tout est extrême dans le vulgaire vicieux : il veut souvent des changements, pour précipiter l'État dans le désordre.

Il n'y a pas de plus grande sagesse que d'éclairer les téméraires factions. Qu'elles songent combien l'ordre a de douceurs, comme il est agréable de suivre la volonté des trônes, de vivre par les lois de la patrie, par la foi de la société civile !

Comment définir ce parfait contentement ? Dans cette admirable image qui doit réveiller l'austère, la sérieuse politique. Il sera exact de comparer le canal de la fidélité qui arrose le pays des bonnes mœurs, à une source qui conduit avec elle, par des sinuosités favorables, son eau pure et très utile à la végétation.

De tous les biens que la société civile nous apporte, en est-il de plus précieux que la prospérité ? On se réjouit du bonheur dans l'aisance ; on bénit le souverain qui nous assiste et nous seconde. Les hommes sages doivent donc conserver leur pays de toute rébellion, et, par la fidélité, le devoir et les bons services, donner aussi toutes les garanties, tous les droits, toutes les preuves de bons et fidèles citoyens.

C'est être injuste que de demander sans cesse des garanties aux gouvernements, et de ne point en offrir par une volonté de bons desseins, par une attention pour l'État fortuné.....

Si les monarques nous donnent, par leurs sages institutions, les moyens de parvenir à la fortune, au bonheur, au repos, nous devons sans doute les regarder comme des dieux sur la terre, et tenir une conduite qui atteste qu'on est sujets soumis.

Un bon système politique se combine avec la première cause, la religion du Créateur; par le gouvernement céleste, nous arrivons à la patrie, et de là aux droits de sociétés, aux devoirs civils, au salut de nos familles, à la conservation des couronnes.

De cette sainte affection sort le plus puissant, le plus sacré des enchantements, *le parfait bonheur.* Annoncez cette belle espérance des prospérités, ô sainte Vérité! annoncez le pouvoir des lois, la voix de l'opinion, l'esprit des nations; dites au monde qu'on est heureux en suivant la volonté des cieux; confirmez cette prudente réflexion : que l'anarchie *précipite les peuples dans tous les malheurs, que la révolte nuit à la société, et qu'il est impossible de rendre un État florissant par la désobéissance et la confusion.*

Resister à l'autorité, méconnaître la véritable puissance, c'est troubler la société, c'est interrompre l'ordre des choses. Pour être assuré de la jouissance de nos droits politiques, il faut contribuer au salut de sa patrie.

Que vous êtes heureux, ô peuples qui aimez vos rois! que vous êtes heureux de connaître ce bel amour de la fidélité! ce sentiment de l'ame généreuse, qui trouve dans l'obéissance éclairée tous les avantages de la liberté individuelle? que vous êtes heureux!... c'est pour vous que la religion ouvre ses trésors. Vous prospérez dans la foi; votre bonheur s'accroît par la grâce efficace; le soleil échauffe vos terres comme le Dieu immuable échauffe vos cœurs; l'astre lumineux dore vos campagnes; vos blés sont magnifiques; vos arbres, écrasés par les fruits, attestent l'abondance. Celui qui donne la vie aux plantes, offre de grandes consolations aux hommes fidèles, aux sujets aimés de leurs rois.

L'opinion générale a un esprit d'ordre : de cette vérité incontestable découle la conséquence qu'il y a un plaisir pur à s'acquitter de ses devoirs et à témoigner toute la vénération possible et à la puissance royale et à la religion si favorable aux nations.

C'est une maxime commune à toutes les sociétés; *point de religion, point de mœurs.* Rien n'annonce plus la décadence d'un Etat que l'irréligion et l'athéisme; une communauté d'athées ne peut jamais subsister long-temps. Trois fois heureux les hommes qui vivent sous le régime des princes qui suivent le régime de la religion!

Elle est le premier principe des institutions; c'est la tendre religion qui prie pour les peuples et les rois, c'est la religion qui fait prospérer les Etats, c'est la religion qui ordonne aux humains d'aimer la patrie, d'aimer la grande famille, d'aimer l'ordre.

Pratiquez la liberté sage, et vous aurez le plus sûr, le plus agréable bonheur. Ayez des sentiments pieux, et vous conserverez les trônes; soyez animé du feu patriotique, et vos constitutions seront stables.

Les devoirs imposent aux peuples d'aimer les rois ; les souverains sont obligés de connaître les besoins généraux pour récompenser les mortels de leur fidélité; ainsi l'aisance particulière, les richesses publiques, l'activité du commerce, sont les fruits de la tranquillité et de l'amour du bien. Tout confirme cette vérité, « qu'on ne doit point » attendre de bonheur, *hors le cercle heureux* » *de l'autorité.* »

Ainsi les pouvoirs suprêmes couvrent l'Etat des richesses de l'ordre, des bienfaits de la grâce; ainsi tous les avantages sociaux sont donnés par la Sainte-Alliance. Tout se développe par la constante protection des intelligences royales. C'est l'épanouissement de l'ordre naturel des choses. Comme le printemps joyeux embellit la terre, de même la confiante fidélité jouit du bonheur sous l'arbre producteur de l'opulence...... Tout est riant où l'on trouve l'autorité respectée.

On n'est pas seulement tranquille dans les gouvernements fortunés, mais on voit encore le bonheur sourire au monde : la joie paraît sur les visages, tout annonce des hommes heureux. Quelle circulation, quelle facilité d'échange, quel crédit aimable! c'est un tableau qui m'enchante. O commerce vivant, tu portes au loin tes produits, tu es la sève qui parcourt également la plante salutaire de l'exportation!... Quelle différence quand le commerce éprouve des embarras, par le désordre, la mauvaise foi politique, les catastrophes et les malheurs. Alors la misère conduit à l'insolence, la stagnation paralyse les bras. — Spectacle déplorable! Le marchand soupire dans sa boutique, le négociant ne reçoit plus les fruits de ses heureux calculs, et comme tout se tient, tout est lié, tout provient des richesses territoriales, on voit même la culture qui n'a plus cette vigueur qui donne l'espérance.

Le Dieu vivant qui forma le monde, qui instruisit les monarques, leur donna et la sagesse et la puissance : un peuple acquiert plus d'existence civile, plus de considération sociale, plus de crédit, lorsque, dans la force de ses institutions, il trouve la sécurité. Telle une terre bien préparée rapporte de riches moissons; telle la morale publique paraît brillante : elle tourne les cœurs vers le champ de la grâce, où la foi distribue le bon grain que sema la religion.

Les nœuds de la fraternité chrétienne ont été formés par la Sainte-Alliance. Il existe dans le temple de la Concorde un autel dédié à la Paix ;

les augustes personnages savent : « que la volonté
» de faire le bien se trouve dans leur puissance,
» et que les délicieux jardins de l'abondance
» s'ouvrent aux cœurs soumis aux lois. Peuples
» qui connaissez la fidélité, vos droits et vos de-
» voirs, le bonheur fait déjà éclater les merveilles
» de l'opulence sur vos états sages et puis-
» sants, etc. »

Estimons donc que la civilisation a des charmes par la religion, que les éléments sociaux ne redoutent point l'opinion éclairée des libertés.

Apprenons que, par l'essence immortelle, l'homme a reçu la liberté sage. Ouvrons encore les perspectives lumineuses des félicités sociales, et produisons au monde l'inépuisable bonté des monarques.

L'intérêt se ranime par l'histoire de la Sainte-Alliance, qui nous retrace les heureuses compensations de la religion, de la liberté, de l'obéissance, des droits et des devoirs.

L'Auteur immortel a indemnisé l'homme en société, par la justice qui protège ses propriétés, par les lois sages qui veillent à sa liberté, par la religion qui consacre toute opinion qui ne trouble point l'ordre, par l'autorité qui gouverne; mais ce serait la plus noire ingratitude de recevoir tant de bienfaits avec insensibilité. Il est donc évident que c'est dans l'obéissance au gouvernement, dans le respect pour les dépositaires du pouvoir, que consiste le bonheur de la terre.

Le moment est arrivé de s'attacher au bien, d'adorer cette puissance monarchique d'où sortent et les garanties morales et la justice et les dignités. Puissent des jours brillants comme les trônes embellir les états! Que le doux flambeau de la raison éclaire l'humanité, que l'esprit conservateur des monarchies atteste la bienfaisance universelle! Toutes les considérations sur les rapports civils et religieux, toutes les influences de la confédération, tous les développements sur les affaires publiques, toutes les leçons politiques ont reproduit ces belles règles de la Sainte-Alliance : « que les puissances » déclarent ne s'écarter jamais des principes » d'union. Que, dans leurs relations mutuelles, la » raison et la vérité régneront avec la justice et » l'honneur. »

Ce qui contribue encore à élever les états à ce haut rang de prospérité, c'est l'action libre des couronnes, c'est l'union des pouvoirs, c'est l'existence morale et légitime de la puissance constituante.

Dans l'intérêt des peuples, les maximes sociales ne peuvent jamais être séparées de ses sages institutions. C'est un beau trait de discernement, c'est une prudence extrême de faire voir que l'expérience des siècles a confirmé cette vérité : « que

» rien n'est si triste qu'un état où le désordre
» s'établit, et qu'on ne conserve les royaumes
» que par la conservation des dynasties et de la
» fidélité.»

De ce que l'esprit général est toujours porté à la prudence, de ce que les gouvernements sages procurent le bonheur, de ce que tous les éléments de l'égalité civile, de la liberté sociale, s'unissent avec les vertus religieuses et l'ordre public, on doit conclure que les puissances veulent concilier le bonheur et la paix, garantir l'Etat des factions artificieuses qui pervertissent la société.

O nations! le Dieu suprême assis sur son trône, a dit : « Peuples! vos intérêts doivent vous engager
» à chérir les puissances publiques; vos intérêts
» sont que l'esprit de sagesse parle selon les pen-
» sées royales; vos intérêts sont que les royaumes
» prospèrent. Les gouvernements sont heureux par
» les bonnes lois et par la fidélité pour mon culte:
» les hommes qui veulent être heureux écoutent
» les conseils de ma providence. Dans vos royaumes
» constitutionnels ou héréditaires, dans vos états
» qui ont des constitutions différentes, il faut, si
» l'on veut rendre la stabilité aux institutions,
» réunir à la sainteté des lois la puissance
» royale : on garantit les Etats par mes lois saintes,
» par la probité publique, par la force des lois
» civiles. Vos intérêts dans le monde chrétien

» sont d'aimer avec tendresse les couronnes où
» l'on trouve les fleurs immortelles qui produi-
» sent la félicité. Vos intérêts sont dans la justice
» qui fait l'ordre, dans la liberté glorieuse de
» m'appartenir.... Les hommes libres m'adorent;
» ils savent que ma religion est la charité même;
» ils prouvent ma croyance à l'incrédulité; ils
» opposent la raison aux invasions de l'athéisme,
» la lumière aux ténèbres, la vérité aux systèmes
» dangereux, l'obéissance à l'infidélité. Les fac-
» tions désolent les gouvernements : mon nom a
» été banni pour faire place à cette Pallas, déesse
» de la moderne philosophie, qui porte sur elle-
» même son nom, qu'on adorait chez les peuples
» païens. Vos intérêts de la vie, sont, ô nations
» chrétiennes, dans l'abondance que je donne
» pour récompenser la fidélité. Ayez des senti-
» ments d'honneur, aimez les dynasties; vos inté-
» rêts sont de chercher les besoins de votre exis-
» tence dans le travail, et pour toutes vos affec-
» tions, je vous paierai par des bienfaits, je ren-
» drai vos vallées fortunées, vos sables riches,
» vos marais abondants.... Régnez, ô rois attachés
» à mes pratiques divines, régnez.... Si j'ouvre
» les fastes de vos monarchies, je vois des rois
» justes et pénétrants; je sais tout, je suis celui
» qui console, qui élève, qui déteste l'anarchie;
» j'applaudis aux sages législateurs, mais je hais

» l'insubordination. Si des réformes politiques » sont nécessaires pour le bien général, il faut » toujours que l'autorité soit grande. Je prodigue » mes richesses à des royaumes qui chaque jour » s'agrandissent par tous les genres honnêtes » d'industrie et de négoce. Je peux descendre » de mon trône pour faire une comparaison de la » puissance universelle avec les pouvoirs royaux. » J'établis que ce serait la plus mauvaise politi- » que, de confondre la grandeur du monarque » avec le pouvoir qui exécute; que ce qui cons- » titue ma majesté, la grandeur de mon nom, » c'est cette suprême intelligence, cette unité, » cette force, cet ordre, ce principe éternel. » Tout prospère par mon influence. Ainsi, dans » un Etat, il faut toujours voir le souverain par- » tout, et le distinguer des pouvoirs exécutif et » législatif, comme dans l'ordre de ma religion » catholique; la foi, la grâce et la charité exé- » cutent mes oracles. Rois, vos sages combinai- » sons pour unir les hommes, pour rendre vos » institutions plus morales, vos lois plus fortes, » vos dynasties plus assurées, prouvent que les » lumières brillent dans le nord, et que ma loi » est la consolatrice des humains.— Je veux pu- » blier aussi qu'un royaume trop long-temps, » hélas! malheureux, s'attache à ma grâce qui » rappelle la fidélité, à la foi qui repousse l'im- » piété. Les pages des histoires de France dépo-

» sent cette vérité : qu'un Saint-Louis jouit de
» l'immortalité, *qu'un Louis XII mérita, à juste*
» *titre, le nom de père du peuple*, qu'il institua
» les ordres militaires. Dans ma justice, il sera
» toujours le bon Louis XII. J'ai distingué le
» règne de Louis XIII, le beau siècle de
» Louis XIV, qui fut le triomphe de ma religion;
» je rends témoignage au règne de Louis XV, il
» fait l'époque des beaux-arts...... L'événement
» qui conduisit trop tôt Louis XVI auprès de
» moi, démontre que l'irréligion ne respecte ni
» les Dieux temporels, ni mes justices..... Il est
» encore d'autres infortunes...... Un roi, placé
» par une providence sur le trône, doit être res-
» pecté; je me rends à ses vœux. Consolez-vous,
» ô France! le bonheur renaîtra avec l'abon-
» dance.... Dieu ordonna aux anges de chanter
» sur leurs lyres la prospérité des hommes!... »

Les systèmes actuels admettent les libertés; mais il faut bien distinguer : on est libre, là où la puissance exerce l'autorité pour protéger la société; on est libre sous tous les gouvernements où la justice marche avec l'ordre, où les hommes respectent les augustes chefs, où la liberté se soumet aux lois. Dieu est libre, et il fait le bien.

Reconnaissons que, pour le bonheur public, tout doit être à sa place. Les royaumes existent par l'ordre et la puissance; ils ressemblent à la sublime élection céleste. Dans le cours immortel des astres, quelle majesté, quelle grandeur! Tout roule sur nos têtes avec harmonie, tout est conduit par le pouvoir infini. C'est ainsi que dans la situation des nations, dans la marche politique, chaque pouvoir a sa place; et l'équilibre serait dérangé, si on voulait affaiblir la suprême puissance.

Soyez heureuses, ô nations! le bonheur est dans le salut public, dans le devoir; soyez heureuses! tout fructifie par les pluies bienfaisantes de la grâce; soyez heureuses, les plantes cultivées avec soin portent de belles fleurs et de bons fruits. Respectez vos institutions; soyez attachées au ciel, à vos rois, et vos cultures ne craindront plus l'intempérie des saisons, et votre commerce ne sera plus embarrassé; travaillez pour votre famille, aimez l'ordre, et ce Dieu qui juge tous les peuples, daignera vous consoler; vous serez fortunés, ô sujets aimables! ..

Aimez la Sainte-Alliance, elle offre de grands avantages; croyez au bonheur de l'avenir; les richesses, la fécondité, se trouvent dans l'amour de la paix et dans les beaux jours de la nature!

www.ingramcontent.com/pod-product-compliance
Ingram Content Group UK Ltd.
Pitfield, Milton Keynes, MK11 3LW, UK
UKHW021650260726
13994UKWH00003B/1390

9 782329 470009